AF462258

DU COMMUNISME,

SUITE D'ÉTUDES SUR LE XVI.e SIÈCLE;

PAR M. ÉVARISTE COLOMBEL.

I.

C'est le propre des révolutions que de poser des problèmes à côté des solutions qu'elles apportent. On croit tout fini, tout va recommencer. Nos pères, en 1789, croyaient avoir tout dit avec leur solennelle déclaration des droits de l'homme; et voilà qu'après bien des changements politiques, au bout d'un demi-siècle à peine, d'autres questions surgissent, qui prouvent que l'humanité n'a pas dit son dernier mot, et que nous, ses enfants, nous avons d'autres étapes à parcourir. C'est la loi du progrès; il faut la saluer et se remettre en route. Il y a une main qui nous mène; tout ce qu'il nous est donné de savoir, c'est que nous marchons.

La révolution de 1848 a eu principalement ce caractère, de nous faire sortir du domaine purement politique pour nous entraîner sur un terrain nouveau. A toute nouveauté, il faut un nom, comme chaque bataille a son drapeau. Le mot du moment est le socialisme. En 1789, on se contentait de crier : *vive la liberté !* On s'imaginait que tout était là. L'expérience a prouvé le contraire. La vérité absolue n'est pas le patrimoine de l'homme.

Nous ne voulons point ici définir le socialisme, parce que chacun le définit à sa guise et sous l'empire de sa passion. Les définitions sont dangereuses, même dans les temps calmes. Qu'est-ce donc à ces heures mauvaises où l'esprit humain doute, oscille et cherche l'équilibre perdu?

Puis, avouons à notre honte que les temps sont trop proches, à chaque chose il faut sa perspective. Cette vérité appartient au monde politique comme au monde des beaux arts. L'histoire ne se fait bien qu'à distance. Voilà pourquoi nous n'avons pas eu d'autres prétentions que celle de rechercher ce qu'était le communisme au XVI.e siècle. Notre époque est pleine d'orgueil ; elle s'imagine qu'elle a tout créé et qu'elle va tout résoudre. Elle se trompe souvent. Elle continue la lutte entreprise, il y a longtemps, contre le principe de l'autorité.

Le communisme est une variété du socialisme, ou, pour mieux dire, le socialisme est une science très-étendue qui s'occupe de la vie de l'homme en société ; et, parmi les modes de cette existence sociale, se rencontre le communisme, qui se présente hardiment comme une solution radicale des problêmes soulevés.

Quels sont ces problêmes? Comment le socialisme a-t-il cherché leur explication? Comment s'est produit le communisme?

Même pour celui qui ne veut faire que de l'histoire,

ces questions sont bonnes à étudier. Leur examen constitue une sorte d'introduction aux recherches dans le passé.

Dans le premier discours de ma présidence (1), et postérieurement dans une lecture que je vous avais faite sous le nom de *Rognures d'un discours académique*, et que vous avez bien voulu accueillir avec quelque faveur, j'avais, écho des pensées de beaucoup, de tous peut-être, attiré votre attention sur la prédominance des questions industrielles et sur les misères qu'elles traînaient à leur remorque. Permettez-moi de vous rappeler quelques-unes de mes paroles. Je vous disais :

« L'activité française, après s'être épuisée, d'abord, dans les secousses politiques, — puis, dans les propagandes guerrières de l'Empire, — semblait, la paix venue, devoir se reposer dans les calmes conquêtes de la civilisation. D'autres crises l'attendaient.

» Au milieu du développement des forces productrices, — un problême nouveau naissait, grandissait, se dressait, — se posant comme une menace à l'esprit effrayé, — culbutant la politique, — déroutant la science économique, — alarmant la philanthropie ; — mais, rare et beau privilége ! — ralliant tous les drapeaux, toutes les bannières ; — créant un rendez-vous commun et neutre à tous les publicistes, à tous les moralistes, à tous les idéologues ; — conviant chacun à donner son systême, sa combinaison, son rêve ; — interrogeant tous les souvenirs, tous les calculs, toutes les inspirations, pour avoir une solution pacifique, — une réponse par l'étude, pour éviter celle par glaive.

» Cette énigme, Messieurs, c'est l'énigme industrielle. Vous savez, en effet, le phénomène qui s'est produit.

» L'industrie, cette reine du moment, groupe incessamment au-

(1) 7 novembre 1847.

tour d'elle des populations entières, qui lui sacrifient leurs jours, souvent leurs nuits, leur vie parfois, en échange d'un modeste salaire, — ce pain quotidien de l'ouvrier, — qu'il réclame du travail après l'avoir imploré de Dieu. Cette multitude française, à laquelle on demande des prodiges et qui les fait, comme elle en faisait et elle en ferait encore sur les champs de bataille; — cette multitude, disons-nous, véritable milice industrielle, vit donc uniquement par l'industrie. Or, dans des proportions plus ou moins étendues, l'industrie a ses moments de repos. Tantôt c'est une découverte nouvelle, tantôt un simple perfectionnement; — ici, l'excès de la production; là, l'absence d'un débouché; — plus loin, ce sera une compression financière; ailleurs, un chômage forcé. Toujours est-il qu'il y a suspension du rouage industriel. La conséquence, vous la devinez! Et cette conséquence, quand se produit-elle? Dans un milieu encombré, à une époque où, d'une part, le taux du salaire ne permet pas les économies, et où, d'autre part, il y a augmentation progressive dans le prix des denrées alimentaires. Donnez à ce fait les proportions qu'il a atteintes dans l'Empire britannique, et vous aurez cet effrayant résultat: la mendicité armée. »

J'ajoutais, après avoir signalé l'abandon des questions littéraires :

« Restent donc, — mais restent vives et entières, restent pleines de sève et d'avenir, — les questions sociales; reste à étudier la charte du travail, ses principes, ses applications : — vaste thèse, au sein de laquelle bourdonne, comme dans une ruche, un essaim de difficultés; —

» A l'intérieur, — les problèmes de la propriété, du capital, du salaire, des coalitions, de la concurrence industrielle, de notre population qui s'augmente, de l'agriculture qu'on déserte, des prisons qui regorgent, des hôpitaux qui deviennent trop étroits...

» A l'extérieur, — les projets de colonisation, la création de débouchés, des doctrines du libre échange; les résistances du travail national, la protection, la prohibition... »

Je terminais en disant :

« Que sais-je? que sais-je, en vérité? — Toutes questions pour lesquelles on a créé naguère une magique formule : l'Organisation du travail.

» Comme je vous le disais, — à l'une de nos dernières séances particulières, — qu'y a-t-il sous cette appellation nouvelle? — Réalités ou chimères, rêveries brillantes ou méthodes assurées, — le temps nous le dira. »

Le temps, Messieurs, l'a-t-il dit? Souvenez-vous que ces paroles étaient prononcées le 7 septembre 1847, et que, trois mois après, une révolution s'inaugurait au nom de souffrances industrielles, prenant pour drapeau politique ce qui n'était qu'un doute scientifique, espérant que la violence allait donner la solution que l'étude n'avait pas pu fournir.

Du reste, le fait matériel reste là dans toute sa nudité. On peut grandement varier d'opinion sur les tendances, les efforts et les résultats du 24 février. Le blâme est plus facile que l'éloge. Dirons-nous qu'il est plus justifiable? Mais, à côté de ces divergences, un accord subsiste. Il suffit d'ouvrir les pages contemporaines.

Nous omettrons à dessein les critiques souvent exagérées des disciples des écoles modernes. Tout réformateur est suspect. A plus forte raison, nous saurons nous défier des déclamations des conspirateurs politiques, eux! qui ne cherchent que des instruments et un cri de rage à donner aux jalousies des classes déshéritées. Ce serait plus suspect encore.

Nous empruntons deux citations à deux écrivains dont les doctrines sociales n'ont rien de bien effrayant, dans les innovations qu'elles proposent.

M. Guizot disait, avant le 24 février et dès 1844 :

« C'est l'esprit du temps de *déplorer* la condition du peuple : mais on dit vrai, et il est impossible de voir, *sans une compassion profonde*, TANT DE CRÉATURES HUMAINES SI MISÉRABLES. Cela est douloureux, très-douloureux à voir, très-douloureux à penser ; mais il faut y penser ; y penser beaucoup, car à l'oublier il y a TORT GRAVE et GRAVE PÉRIL. »

Plus tard, un ministre de l'intérieur (il ne l'était pas encore), M. Léon Faucher, écrivait ces lignes caractéristiques :

« L'industrie, je le sais, traîne à sa suite bien des misères. Dans cette fécondité d'expansion qui la caractérise, elle n'a pas constamment pour rejetons l'ordre, le bien ni la richesse. Des crises périodiques la ravagent, qui dissipent les fortunes et qui moissonnent les existences. Du fond des ateliers, même dans les temps prospères, s'élèvent trop souvent des plaintes lamentables qui couvrent le bruit des machines et qui vont troubler la sérénité du ciel. J'ai vu, j'ai touché du doigt, j'ai sondé ces plaies que la plupart des socialistes exagèrent ou dénaturent en les décrivant sur des ouï-dire. J'ai pénétré dans les ateliers de famille comme dans les plus vastes manufactures ; j'ai interrogé toutes les classes des travailleurs, depuis l'ouvrière qui gagne péniblement 40 à 50 centimes par jour jusqu'au mécanicien dont le salaire peut s'élever à 20 fr. ; j'ai comparé les ressources avec les besoins de chacun, depuis les parias qui vivent entassés pêle-mêle dans les bouges les plus infects, sans vêtements, sans pain, sans air ni lumière, jusqu'à ces heureux du travail qui habitent les confortables chaumières de Turton, avec l'aisance assise au foyer domestique et avec le contentement dans le cœur ; j'ai poursuivi cette comparaison pendant près de vingt ans, à Paris, dans les villes industrielles de la France, en Belgique, dans les provinces rhénanes, en Suisse, en Angleterre et en Écosse. J'ai fouillé, la nuit comme le jour, les profondeurs les plus cachées, les mystères souterrains de l'état social. Dans le cours de cette pénible odyssée, j'ai senti bien des fois l'émotion soulever mon cœur et déchirer mes entrailles ; mais je n'en ai pas conclu que le mal dominât sur la terre ni qu'il y eût lieu, pour corriger des misères accidentelles, de supprimer la liberté. »

Dernièrement, Blanqui aîné, dans un rapport qui fait le triste pendant des enquêtes britanniques, de ces enquêtes dont je vous parlais dans les *Rognures* déjà citées ; M. Blanqui, dis-je, a donné l'exacte mesure des douleurs de ce monde à part, qui se nomme le monde industriel. La statistique, à son tour, a donné des chiffres effrayants de mortalité et de suicide. Cela suffit pour avouer que M. Guizot disait vrai en déclarant qu'il y a tort grave et grave péril à oublier les souffrances du peuple. Il y avait, tout à la fois, dans cette déclaration, la pensée du chrétien et l'inquiétude de l'homme d'État.

Donc, — on doit dire — que, par suite du développement industriel dans les conditions que notre imprévoyance lui a faites, le travail diminue, le salaire s'amoindrit, des bras restent désœuvrés, et que la misère augmente. — Voilà le mal. Aussi Blanqui, avant sa mission, disait :

« La question en est venue au point qu'on se demande s'il faut » s'applaudir ou s'inquiéter des progrès d'une richesse qui traîne » à sa suite tant de misères. — Voilà le grand problème du XIX.e » siècle. »

Ce n'est pas notre dessein de le résoudre, si c'était notre orgueil que de vouloir le tenter. Nous racontons.

Ceux qui s'occupent spécialement de la réforme à opérer se nomment *socialistes*.

Il y a un point commun à tous les socialistes ; — c'est leur union pour signaler les vices de l'organisation actuelle. Tous abondent dans la même critique, depuis les démocrates d'Owen jusqu'aux autocrates de Saint-Simon ; depuis M.me Clarisse Vigoureux jusqu'à Louis Blanc; depuis Mathieu Briancourt jusqu'à Cabet.

Unies pour combattre, les phalanges socialistes se divisent quand il s'agit d'édifier et de réorganiser. Chaque maître a ses disciples. Chaque école a sa formule. Chaque réformateur a son système et revendique pour sa théorie le privilége de l'infaillibilité.

Les projets rénovateurs sont nombreux. Leur analyse serait déplacée dans cette préface d'une étude historique, mais nous pouvons au moins donner quelques indications.

On divise volontiers ces divers systêmes en deux catégories.

Il y a les systêmes qu'on peut appeler individuels, parce qu'ils se résument dans l'effort d'un seul homme, sans école ferme, sans cortége d'adeptes, sans sectaires, vivant un peu dans l'isolement. Dans cette première catégorie, je place P. Leroux, Lamennais, Pecqueur, Buchez, Louis Blanc et Proudhon : ces deux derniers ayant déjà quelques satellites.

Il y a ensuite des noms supérieurs, exerçant une certaine domination et ayant groupé autour d'eux des élèves, des apôtres, des missionnaires. Vous avez reconnu Saint-Simon, Fourier et Cabet, et aussi Owen.

Tels sont les chefs reconnus du socialisme, tel qu'on l'entend aujourd'hui. Telles sont les sources d'où sortent, les unes sur les autres, les questions modernes du capital et du salaire, de la propriété, du droit au travail, des banques, de l'échange, de l'impôt progressif, du monopole gouvernemental, du marchandage, des caisses de retraites, de la solidarité, de l'instruction gratuite : immense carrière ouverte à toutes les recherches et dont il n'aurait pas fallu faire un champ de bataille; car, bien certainement, les solutions scientifiques de l'économie sociale ne s'obtiennent pas les armes à la main. Permettez-moi, à l'appui de cette opinion, qui rencontrera peu de contradicteurs, de citer une anecdote assez curieuse, que je tiens d'un des membres du Gouvernement provisoire.

Dans une des scènes tumultueuses qui accompagnèrent le Gouvernement du 24 février à l'Hôtel-de-Ville, un ouvrier pénétra dans la salle où se tenait le Gouvernement. Il réclamait impérieusement, et les armes à la main, l'organisation du travail. Lamartine se tut. La question ne s'adressait point à lui, mais à L. Blanc. Les collègues de Lamartine imitèrent son silence. L. Blanc, mis en demeure, répondit que l'organisation du travail était un système à préparer, et qu'on ne l'improvisait pas à la pointe de la baïonnette. L'ouvrier, croyant démêler une fin de non-recevoir, insistait.— « *Mettez-vous là*, dit L. Blanc, en montrant une table et un siége; puis, *donnez-nous votre plan.— Je ne sais tenir qu'un fusil. — Bien; dictez; j'écoute.* — L'ouvrier trouva ceci: *Organisation du Travail*; d'ailleurs, rien. — Il se retira.

Revenons à notre exposé.

Le communisme diffère grandement des systèmes socialistes enfantés par ces dernières années.

La grande question étant la répartition des richesses nationales, — on peut caractériser les trois écoles dominantes par ce simple aperçu :

L'école saint-simonienne veut la répartition suivant la *capacité*; et, en sous base, les œuvres.

L'école phalanstérienne désire cette même répartition suivant le capital, le talent et le travail; donnant trois bases là où Henri de Saint-Simon n'en donne qu'une.

Cabet réclame une répartition suivant les besoins ou l'égalité proportionnelle.

Louis Blanc, que, vu son rôle au Luxembourg et ses querelles avec Proudhon dans le *Nouveau-Monde*, nous joindrons à ces trois chefs d'école, a imaginé l'égalité des salaires, sans distinction de capacité, d'apports ou de besoins. — C'est lui qui a dit :

« Il y a à choisir entre deux systêmes, ou des salaires égaux ou des salaires inégaux; nous serions partisans, nous, de l'égalité, parce que l'égalité est un principe d'ordre qui exclut les jalousies et les haines.

» On pourra nous objecter : « L'égalité ne tient pas compte des aptitudes diverses; » mais, selon nous, si les aptitudes peuvent régler la hiérarchie des fonctions, elles ne sont pas appelées à déterminer des différences dans la rétribution. *La supériorité d'intelligence ne constitue pas plus un droit que la supériorité musculaire;* elle ne crée qu'un devoir. Il doit plus celui qui peut davantage : voilà son privilége.

» On pourra objecter encore : « L'égalité tue l'émulation. »

» Rien de plus vrai dans tout systême où chacun ne stipule que pour soi, où les travailleurs ne sont que juxtaposés, n'agissant qu'à un point de vue purement individuel et n'ont aucune raison d'établir entre eux ce que j'appellerais le point d'honneur du travail; mais qui ne sait que, parmi les travailleurs associés, la paresse aurait bien vite le caractère d'infamie qui, parmi les soldats réunis, s'attache à la lâcheté? Qu'on plante dans chaque atelier un poteau avec cette inscription : « Dans une association de frères qui travaillent, tout paresseux est un voleur. »

Reprenons, pour en dire librement notre façon de penser, ces quatre systêmes, qui prétendent tous au socialisme, mais qui, on le voit, sont loin de s'entendre sur les bases de la réorganisation. L'histoire sera plus claire après cet examen.

Le saint-simonisme a maladroitement heurté de front les questions de religion, d'état, de propriété et de morale. C'est par là que l'école est morte après avoir occupé la scène scientifique de 1825 à 1832, au moyen du *Producteur* (1825 à 1828), de l'*Organisateur* (1828 à 1831), et du *Globe* (depuis 1830 jusqu'à 1832). En 1831, la discorde éclata entre les chefs de l'école, qui se divisa, pour, bientôt après, se dissoudre.

Malgré les erreurs qui ont amené sa chute, le saint-simonisme a légué à la science sociale deux grandes vérités : *le principe d'association et le principe de l'autorité.* Le saint-simonisme était une théocratie *politique*, quant au gouvernement; *industrielle*, quant à la distribution des richesses. Le caractère distinctif des écrits de Henri de Saint-Simon, c'est le respect des pouvoirs établis. Il ne songe pas à leur distinction ; il ne conclut ni à une nouvelle religion, ni à un nouveau principe gouvernemental. Dans son écrit : *Nouveau christianisme*, c'est au Saint-Siége qu'il s'adresse. Il dédie ses aperçus économiques à Louis XVIII ; et, quand cette royale dédicace lui manque, il choisit, pour les patrons de ses ouvrages, l'Institut et le bureau des longitudes. Le grand seigneur subsiste dans le niveleur. Il y a respect des hiérarchies, seulement ce respect se fonde sur les capacités. Ce n'est pas Saint-Simon qui aurait songé au suffrage universel.

Comme conséquences des principes sérieux que contenait le saint-simonisme, l'histoire a enregistré celles-ci. Nous laisserons parler Jules Lechevalier :

« Organisation et moralité dans l'industrie ; — direction de toutes les forces de la société : capitaux, capacité, travail, d'après le principe de l'association, c'est-à-dire en combinant équitablement les rapports de ces divers éléments sans sacrifier les uns aux autres ; — extension de la prévoyance sociale sur les destinées de chaque famille, de telle sorte que chaque ménage, sous condition de travailler et de vivre honnêtement, puisse être assuré de l'éducation et de l'apprentissage pour ses enfants, d'une fonction suffisamment rétribuée pour l'homme et la femme, et d'un repos honorable pendant la vieillesse ; — application aux travaux productifs, c'est-à-dire au développement de la science, de l'industrie, des arts et des lettres, de ressources au moins égales à celles qui sont appliquées en ce moment à la guerre et à l'action purement défensive de l'administration ; — extinction graduelle du prolétariat et du paupérisme par l'accession du plus grand nombre à la propriété ; — tels sont, en résumé, les préceptes que la science sociale a recueillis du naufrage de l'école saint-simonienne. Dans ce naufrage, le vaisseau seul et le corps de doctrine se sont perdus. Tous les hommes se sont sauvés, et, il faut le dire, à l'honneur de leur caractère et de la solidité éprouvée de leurs convictions, tous ont continué à travailler, dans les directions les plus diverses, à l'accomplissement de l'œuvre à laquelle ils se sont dévoués. »

Quand une école a donné au monde ces théorêmes sociaux, elle est sûre de ne pas périr. Elle a eu son mauvais côté, ses faiblesses, ses théories subversives ; cela est vrai, mais cela est humain. Rien de parfait ne sort de nos mains. Si l'école est dissoute, les disciples subsistent et ont tous retrouvé une position élevée. Blanqui, esprit juste et froid, disait des saints-simoniens :

« Aujourd'hui, dit M. Blanqui dans son histoire de l'Economie politique, les saints-simoniens répandus dans le monde y ont repris l'exercice des professions auxquelles ils étaient individuellement destinés par leurs premières études. Ils construisent des chemins de fer ; ils font des voyages utiles à leur patrie ; ils sont entrepreneurs d'usines, et partout on les voit à la tête des projets d'amélioration. Ils honorent leur passé par la dignité même de leur silence, satisfaits d'avoir posé les plus grandes questions du temps présent et d'avoir préparé les principaux éléments de leur solution. L'Europe, qui les bafouait, suit leurs conseils, et le Gouvernement qui les poursuivait les emploie. — Est-ce donc ainsi que l'on traite des vaincus? »

Non, ce ne sont pas des vaincus que ceux qui ont proclamé hautement l'accession du plus grand nombre à la propriété. Aussi, l'un de vous, Messieurs, prononçait, avec votre approbation, ces paroles :

« Ces mœurs qui nous ont sauvés doivent devenir notre garantie future. C'est à la démocratie intelligente qu'il appartient de développer et de féconder cette force morale qui nous a déjà si bien servis, — non pas en se perdant dans les futiles préoccupations des formules politiques, — mais en propageant ces principes sauveurs qui ont empêché de grands et d'irréparables désastres. C'est au nom de la famille et de la propriété que l'ordre social s'est armé contre l'anarchie et l'a vaincue. Eh bien! *Tâchons que chacun ait sa famille à protéger, son patrimoine à défendre. Répandons partout ces éléments civilisateurs qui jusqu'ici ont présidé au développement de l'humanité, et qui, selon moi, doivent guider encore sa marche ascendante* (1). »

Aussi lui, penseur solitaire, Ch. Fourier a créé une école. De vigoureux disciples ont recueilli son héritage, et la *Démocratie Pacifique* est le reflet éloigné, mais pourtant traditionnel du petit commis-commerçant de Lyon.

Saint-Simon devine la force de l'association, Fourier en

---

(1) Discours de M. Ev. Colombel, séance du 20 novembre 1848.

indique les applications d'une façon plus précise. Il crée le phalanstère et laisse après lui ce grand mot : *la commune organisée.* Malheureusement, il laisse aussi pour héritage *le Travail attrayant*, rêverie féerique dont la perspective est merveilleuse, dont les développements sont ridicules. Toujours le triste cachet de l'humanité, le côté humain, comme disait Bossuet, le côté faillible et peccable.

En politique, chose d'ailleurs dont il se soucie peu, Charles Fourier arrive à l'individualisme et à l'exagération de la liberté; c'est là son signe distinctif d'avec Saint-Simon. Il y a chez l'un tradition de bourgeois, comme il y avait chez l'autre souvenir presque féodal, avec l'unité de plus. Le bourgeois tend l'oreille au souffle émancipateur du XVI.e siècle, le grand seigneur, imbu des réminiscences de Versailles, se rattache, comme le comte de Maistre, à l'autorité, à la théocratie, au pouvoir révélé de lui-même par la capacité. L'antagonisme n'est pas complet sur ce point, mais il commence, et Louis Blanc le marquera davantage.

En industrie, cette force des temps modernes, Ch. Fourier a produit d'excellentes critiques. On voit qu'il a touché au négoce, qui l'a effrayé par son impureté, comme la politique l'avait dégoûté par le spectacle de 93 et les horreurs du siége de Lyon. Il y a cela de remarquable. Presque tous les socialistes, en peignant sous de sombres couleurs les calamités de la concurrence, dirigent leurs traits contre le capital et contre la propriété, tandis qu'il n'en faudrait blâmer que les abus. Ch. Fourier s'en prend seulement aux excès de la spéculation et de l'agiotage.

En philosophie, Ch. Fourier a développé sa fameuse

théorie de l'attraction passionnelle. Pour que le travail fût véritablement productif, il faudrait qu'il passât de la loi de la contrainte, du frein et du besoin, sous le régime de l'association; il faudrait, de plus, qu'il devînt attrayant, par la distribution des travailleurs en groupes et en séries de groupes, formés suivant les vocations et les aptitudes. Ici, on le voit, nous tombons dans le vide, ou plutôt Charles Fourier a quitté la terre, en rêvant pour elle l'harmonie des sphères célestes et des demeures sidérales.

Un critique que nous avons déjà cité, M. Jules Lechevalier, critique plus sérieux, mais moins brillant que l'auteur des *Deux Paturots*, s'explique ainsi sur Ch. Fourier. L'appréciation nous semble juste à peu près:

« Il faut laisser à la postérité et à l'histoire le soin de faire à cet homme de génie la part de gloire qui lui revient, et cette part sera d'autant plus belle et d'autant plus vite obtenue, que la réalisation de l'association aura été dégagée des difficultés, des prétentions inadmissibles et des illusions dont Fourier lui-même l'a entourée. A cet égard, il est juste que Fourier expie son excentricité, et porte la peine des défauts de son caractère, de l'intempérie de sa plume et de sa pensée. Les obstacles que le novateur subit, les attaques contre ses idées, les calomnies contre ses intentions, ne l'autorisent jamais à se mettre en scission avec ses contemporains. Il lui est prescrit de réussir et de vaincre les difficultés par un redoublement de patience et de génie. Le novateur a seul la charge de son succès: *Actori incumbit onus probandi.* »

En dehors de Saint-Simon et de Ch. Fourier, et avant Cabet, il n'y a pas grand'chose. Il y a pourtant Robert Owen et Louis Blanc. Disons-en deux mots.

Robert Owen a tous les vices du saint-simonisme et du

fouriérisme; il n'en possède pas les bons côtés, les parties révélatrices. Robert Owen, comme bien d'autres, est meilleur critique que bon organisateur. Il a expérimenté de nouveau cette vieille vérité, rajeunie par le poète :

« La critique est aisée et l'art est difficile. »

Robert Owen a surtout découvert et stigmatisé les désastreuses conséquences de la concurrence industrielle. Hélas! oui.... Mais le remède! le remède! Et la demande devient pressante, quand on songe que la liberté du commerce et de l'industrie est une des conquêtes de 1789, préparée par Turgot, qui proclamait :

« Dieu, en donnant à l'homme des besoins, en lui rendant nécessaire la ressource du travail, a fait du droit de travailler la propriété de tout homme, et cette propriété est la première la plus sacrée, la plus imprescriptible de toutes. » (Préambule de l'édit de 1776.)

Et confirmée par la science économique, dont un des organes, J.-B. Say, disait :

« Toutes les théories de l'économie politique se réduisent à la liberté de travailler, à la liberté d'user de son travail. »

Reste Louis Blanc : les théories du Luxembourg l'ont tué. Il ne restera qu'un sourire de l'égalité absolue comme règle de répartition, dans ce grand atelier national où Louis Blanc convie toutes les forces productrices du pays. Un sourire! et c'est amer à dire, car on ne saurait refuser à Louis Blanc un talent de premier ordre. Que voulez-vous? Lamennais s'est bien égaré!

Chez Louis Blanc, la théorie peut un instant séduire ; la pratique désenchante et vous ramène durement aux réalités.

Avant le 24 février, Louis Blanc écrivait ces lignes :

« Le droit, dit M. Louis Blanc, considéré d'une manière abstraite, est le mirage qui, depuis 1789, tient le peuple abusé. Le droit est la protection métaphysique et morte qui a remplacé, pour le peuple, la protection vivante qu'on lui devait. Le droit pompeusement et stérilement proclamé dans les chartes, n'a servi qu'à masquer ce que l'inauguration d'un régime d'individualisme avait d'injuste, et ce que l'abandon du pauvre avait de barbare. C'est parce qu'on a défini la liberté par le mot *droit* qu'on en est venu à appeler hommes *libres* des hommes ESCLAVES du froid, esclaves de l'ignorance, esclaves du hasard. Disons-le donc une fois pour toutes, la liberté consiste, non pas seulement dans le DROIT accordé, mais dans le POUVOIR donné à l'homme d'exercer, de développer ses facultés sous l'empire de la justice et sous la sauve-garde de la loi. »

Ces paroles séduisent-elles ? Non, car il y a dans elles un blasphème contre le spiritualisme au profit de la matière.

De réformateur, M. L. Blanc est devenu dictateur. On l'a nommé président de la grande commission du travail. Qu'a-t-il indiqué comme application de sa théorie ? — Il a abouti à la dérision de l'atelier national et à l'impiété de la répartition suivant les besoins.

Écoutons son monstrueux programme. C'est là un document qu'il suffit de citer pour que la réfutation en soit immédiatement acquise :

« Le Gouvernement serait considéré comme le régulateur suprême de la production et investi, pour accomplir sa tâche, d'une grande force.

» Cette tâche consisterait à se servir de l'arme même de la concurrence pour faire disparaître la concurrence.

» Le Gouvernement lèverait un emprunt dont le produit serait affecté à la création d'*ateliers sociaux* dans les branches les plus importantes de l'industrie nationale.

» Cette création exigeant une mise de fonds considérable, le nombre des ateliers originaires serait rigoureusement circonscrit; mais, en vertu de leur organisation même, ils seraient doués d'une force d'expansion immense.

» Le Gouvernement étant considéré comme le fondateur unique des *ateliers sociaux*, ce serait lui qui indiquerait les statuts.

» Seraient appelés à travailler dans les *ateliers sociaux*, jusqu'à concurrence du capital primitivement rassemblé pour l'achat des instruments de travail, tous les ouvriers qui offriraient des garanties de moralité.... Les salaires seraient égaux.

» Pour la première année, le Gouvernement règlerait la hiérarchie des fonctions. Après la première année, les travailleurs ayant eu le temps de s'apprécier l'un l'autre, et tous étant également intéressés au succès, la hiérarchie sortirait du principe électif.

» On ferait tous les ans le compte du bénéfice net dont il serait fait trois parts. L'une serait répartie par portions égales entre les membres de l'association; l'autre serait destinée : 1.° à l'entretien des vieillards, des malades et des infirmes; 2.° à l'allégement des crises qui pèseraient sur d'autres insdustries, toutes les industries se devant aide et secours; la troisième, enfin, serait consacrée à fournir des instruments de travail à ceux qui voudraient faire partie de l'association, de telle façon qu'elle pût s'étendre indéfiniment.

» Dans chacune de ces associations formées pour les industries qui peuvent s'exercer en grand, pourraient être admis ceux qui appartiennent à des professions que leur nature même force à s'éparpiller et à se localiser, si bien que chaque atelier social pourrait se composer de professions diverses, groupées autour d'une grande industrie, parties différentes d'un même tout, obéissant aux mêmes lois et participant aux mêmes avantages.

» Chaque membre de l'atelier social aurait droit de disposer de son salaire à sa convenance; mais l'évidente économie et l'incontestable excellence de la vie en commun ne tarderaient pas à faire naître, de l'association des travaux, la volontaire association des besoins et des plaisirs.

» Les capitalistes seraient appelés dans l'association et toucheraient l'intérêt du capital par eux versé, lequel intérêt leur serait garanti sur le budget : mais ils ne participeraient aux bénéfices qu'en qualité de travailleurs.

» Dans toute industrie capitale, celles des machines par exemple, ou celle de la soie, ou celle du coton, ou celle de l'imprimerie, il y aurait un atelier social faisant concurrence à l'industrie privée. La lutte serait-elle bien longue ? Non, parce que l'atelier social aurait sur tout atelier individuel l'avantage qui résulte des économies de la vie en commun et d'un mode d'organisation où tous les travailleurs sans exception sont intéressés à produire vite et bien. La lutte serait-elle subversive ? Non, parce que le Gouvernement serait toujours à même d'en amortir les effets en empêchant de descendre à un niveau trop bas les produits sortis de ses ateliers. Il se servirait de la concurrence, non pas pour renverser violemment l'industrie particulière, mais pour l'amener à composition....

» Comme une même industrie ne s'exerce pas toujours au même lieu et qu'elle a différents foyers, il y aurait lieu d'établir, entre tous les ateliers appartenant au même genre d'industrie, le système d'association établi dans chaque atelier particulier ; car il serait absurde, après avoir tué la concurrence entre individus, de la laisser subsister entre corporation. Il y aurait donc, dans chaque sphère de travail que le Gouvernement serait parvenu à dominer, un atelier central duquel relèveraient tous les autres en qualité d'ateliers supplémentaires. »

Des doctrines comme celles-là, données comme règles à une société française, à la société du XIX.e siècle, à l'héritière de tant d'âges glorieux ; ces doctrines, disons-nous, ne se réfutent pas.

M. Léon Faucher a fort bien analysé les théories du

Luxembourg. Il les a flagellées avec toute l'expérience d'un économiste et avec toute la verdeur de son talent un peu opiniâtre.

C'est lui qui disait, en parlant en avril 1848, de l'aréopage qui avait remplacé la pairie :

« La commission de travail, ou, pour emprunter le style barbare du décret, la *commission pour les travailleurs*, est, sans contredit, animée d'un amour sincère du bien ; mais ses premiers actes ne respirent pas une grande sagesse. Les discours de M. Louis Blanc sont exagérés et violents ; ses résolutions, sans mesure. Il recommence périodiquement le même exposé d'une théorie, au bout de laquelle ne se présente jamais une conclusion tant soit peu pratique. A chaque pas qu'il fait, on sent l'hésitation, le décousu, l'absence du plan. L'industrie est abandonnée ainsi à une direction qui accuse les défauts les plus opposés ; les tâtonnements dans l'arbitraire. »

Rendons à chacun ce qui lui appartient. On reconnaît L. Blanc dans ces tristes décrets du Gouvernement provisoire qui proclamaient le droit au travail, diminuaient les heures de la journée, frappaient le marchandage, et, bref, faisaient au peuple trompé les magnifiques promesses qui furent irréalisables et qui, peut-être, amenèrent les journées de juin, plus fatales aux idées démocratiques, sagement entendues, qu'aux combattants si fatalement entraînés.

Laissons L. Blanc, il ne restera rien de cet économiste. L'historien, souvent pamphlétaire, pourra seul sauver sa mémoire. De Proudhon nous ne disons rien, car, selon nous, il est anti-socialiste au premier chef.

La quatrième école est l'école communiste, dont le représentant actuel est M. Cabet. Nous en parlerons avec d'autant plus de réserve et de modération qu'un jugement, qui n'est encore que par défaut, vient d'appliquer les peines de l'escroquerie à M. Cabet, pour sa désastreuse tentative du Texas.

Sans contredit, ce système est le plus simple, le plus radical, le plus égalitaire de toutes les prétendues réformations socialistes.

Sous la plume de l'ancien procureur-général, le communisme a gagné en popularité. Il a affecté les formes scientifiques et il a prétendu se débarrasser des mauvaises queues du passé.

M. Cabet, dans quelques mots, a formulé tout son communisme ; il a dit :

« Voici le caractère essentiel et principal du communisme : — Le territoire national est indivis et appartient à la communauté ou au peuple entier, représenté par un Gouvernement vraiment représentatif, ou démocrate, ou populaire ; qui est grand propriétaire, grand agriculteur, grand manufacturier ; qui emploie tous les citoyens comme ses ouvriers ; qui dirige l'agriculture et l'industrie de manière à leur faire produire tous les objets d'aliment, de vêtement, de logement, d'ameublement, etc. ; qui recueille tous les produits et qui les distribue également à tous les citoyens, suivant leurs besoins, de manière que tous soient bien et également bien nourris, vêtus, logés, instruits, mariés, etc. »

Du reste, ce caractère de l'école communiste, savoir : *le monopole de l'État comme distributeur des richesses diverses du territoire*, n'est pas spécial aux théories de M. Cabet. On le retrouve dans presque toutes les conceptions contemporaines, à des doses plus ou moins accentuées. Association de tous les travailleurs sous une direction despotique, voilà l'étrange formule dans laquelle viennent se rencontrer, bon gré mal gré, les divers systêmes qui ont voulu toucher au socialisme. Comprend-t-on pourquoi nous n'avons pas classé M. Proudhon parmi les socialistes?

Tel est le point culminant du socialisme. Il arrive fatalement là. C'est son issue. Il lui faut l'État au sommet, — l'État, propriétaire de tous les champs, — possesseur de tous les capitaux, — entrepreneur des voies de communication, — absorbant le commerce, — monopolisant l'industrie; — en un mot, faisant pour toutes les branches de l'activité humaine et pour toutes les sources de la richesse du pays, ce que nous faisons pour les postes, pour les tabacs, pour les poudres; — ce que M. S. Dumon voulait faire pour les sels; — ce que Mehemet-Ali avait fait pour l'Égypte; — un vaste pachalisme, mais avec les formes, le bon sens, la logique et la clarté de l'esprit français; — une gigantesque maison de commerce sous la raison sociale: *France et C.ie*...

Mehemet-Ali avait produit les fallahs: que produirait le socialisme, avec la même puissance de concentration despotique? D'autres le diront.

Il est vrai, et nous l'avons fait remarquer, que si les branches du socialisme se réunissent dans une même formule absolue, nécessaire, fatale, comme dans un couronnement suprême, elles se divisent sur la base de la répartition. Les moyens produisent; c'est bien. L'État souverain répartit; c'est bien encore. Mais comment répartira-t-il? Là commence la divergence.

Nous voilà sur les hauteurs de la philosophie, mesurant de l'œil les ébats de ces utopies, dont nous venons de signaler le point de contact. Ne se ressemblent-elles que par ces aboutissements? Non.

Elles ont encore, ces théories, un rapprochement : nous voulons dire la misère humaine, la souffrance inhérente à notre nature. Cette dure condition de notre existence a motivé bien des révolutions, bien des guerres. Le socialisme en vient, de même que le communisme icarien, dont le nom est nouveau, dont l'idée est ancienne.

C'est cette idée que nous voulons rechercher dans son expansion du XVI.e siècle et dans ses préliminaires sous la domination païenne, ce qui est un préalable indispensable.

(*La suite bientôt.*)

Ev. COLOMBEL.

Nantes, impr. de M.me veuve Camille Mellinet. — 46,700.

COMMUNISME AU XVI.e SIÈCLE,

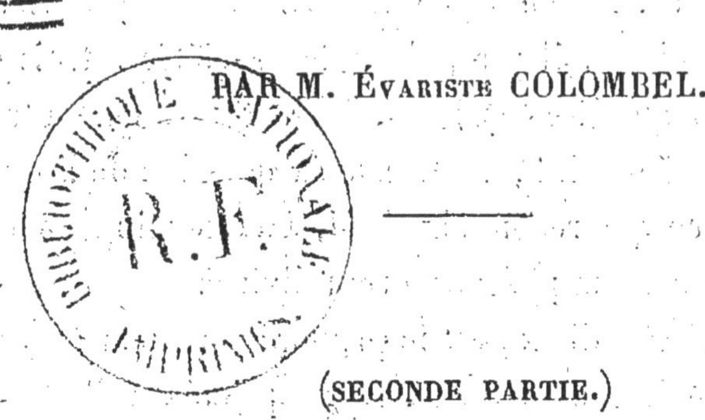

PAR M. ÉVARISTE COLOMBEL.

(SECONDE PARTIE.)

II.

Nous avons rapidement crayonné, dans le chapitre qui précède, l'état actuel des croyances communistes ; c'était une préface indispensable aux recherches qui vont suivre et qui ne doivent plus être qu'historiques.

Le communisme peut être envisagé à deux points de vue :

Comme théorie,

Comme pratique.

Comme théorie, l'idée égalitaire a pour elle de grands noms : elle remonte jusqu'aux temps antiques, elle puise aux sources de l'histoire moderne, et, de nos jours, elle arbore son drapeau.

Faire cette histoire, tel n'est pas notre but. Pour la

bien faire, il faudrait des loisirs qui ne nous sont point départis ; il faudrait, en quelque sorte, écrire la biographie de la propriété : tâche rude, immense, pour laquelle d'innombrables matériaux sont nécessaires ! Qui jamais pourra les rassembler ?

Bien des écrivains ont tenté d'écrire cette histoire ; tous ont plus ou moins échoué. De même ont échoué ceux qui ont voulu écrire sur la contre-partie de la propriété, sur le communisme. Il y a, dans les sociétés, trois ou quatre grosses questions qui dominent toutes les autres. De ce nombre restreint, se trouve la question de la propriété. C'est ce que reconnaissait M. Hennequin, en des termes que nous nous plaisons à reproduire :

« La propriété, dit-il, est le principe créateur et con-
» servateur de la société civile. La propriété est l'une de
» ces thèses fondamentales sur lesquelles les explications qui
» se prétendent nouvelles ne sauraient trop tôt se produire;
» car il ne faut jamais l'oublier; et il importe que le
» publiciste, que l'homme d'État en soit bien convaincu;
» c'est de la question de savoir si la propriété est le
» principe ou le résultat de l'ordre social, s'il faut la
» considérer comme cause ou comme effet, que dépend
» toute la moralité, et par cela même toute l'autorité
» des institutions humaines. »

Ces paroles d'un juriste trop tôt enlevé à la science, qui commençait à lui ouvrir ses perspectives, sont profondément vraies; à notre sens, la question de la propriété plane sur celle de la souveraineté. Les cahiers généraux de 89 ont, sur ce point, sinon des aperçus, du moins des divinations très-judicieuses. Ce n'est pas de la discussion, c'est du pressentiment.

On comprend combien il est difficile d'aborder une semblable thèse dans son imposant ensemble historique. Notre espoir, comme nous l'avons fait entrevoir dans notre introduction à une revue de la législation révolutionnaire, est de restreindre nos efforts, de les mieux proportionner, de les limiter dans un champ déjà bien vaste et bien peu labouré.

Comme théorie, nous disions que l'antiquité avait donné quelques beaux noms à l'idée égalitaire ; parmi ceux de Minos et de Lycurgue, qui furent plutôt des législateurs, vous avez remarqué celui de Platon.

Ce serait déplacé que de mettre Platon, le divin Platon, dans une étude sur le XVI.[e] siècle ; ce serait abuser de la maxime que *tout est dans tout.*

Pourtant, nous devons vous signaler un fait qui rend boiteuses, selon nous, toutes les théories de l'antiquité sur le communisme. Ce fait, c'est l'esclavage.

Un élément, tel que celui de l'esclavage, bouleverse, nous ne dirons pas seulement toutes les notions du juste et de l'injuste, mais encore modifie radicalement les relations des sociétés civiles et politiques. Ce qui est vrai avec l'esclavage cesse de l'être sans lui. On peut en dire autant de ce qui est possible.

Or, on n'ignore pas que, dans toute l'antiquité, l'esclavage a été un fait normal, légitimé, admis par tous les philosophes ; et, partant, fournissant à leurs théories cette pierre fondamentale de l'application qui manque à nos gouvernements modernes.

Disons toute notre pensée sous une forme laconique : D'où vient le danger des temps modernes ? D'où sort cette perpétuelle menace d'insurrection qui semble planer sur le XIX.[e] siècle?

De deux sources :

La jeunesse et le paupérisme....

Or, l'antiquité n'avait ni l'un ni l'autre de ces périls ; expliquons-nous.

Étant donnée une société avec des conditions ordinaires de territoire et de population, de voisins puissants et de vieilles discordes civiles; étant, dis-je, donnée une semblable société, vous aurez des différences à saisir dans les couches de citoyens qui forment votre nation ; vous aurez des classes distinctes, des masses fortement séparées.

Ces différences naissent de la nature des choses. Partout, vous avez un vieillard, un jeune homme, un travailleur, un actif; autant d'unités qui se multiplient à l'infini et dont chacune, ainsi multipliée, constitue, dans son ensemble, une quantité, une classe, une masse, une force, une puissance.

Vous concevez que chaque masse a son activité propre et qui gravite vers son but.

De ces différentes masses, les unes sont bonnes, les autres mauvaises.

Il est aisé de concevoir, sans trop d'analyse, quelles sont les bonnes, quelles sont les mauvaises.

L'âge vous donne une classe difficile à réglementer : *La jeunesse.*

Le travail vous donne une classe plus mauvaise encore : *Le prolétariat.*

Voilà deux mauvais éléments, mauvais au point de vue du maintien de ce qui existe.

Ces deux éléments pernicieux, vous les trouvez dans toutes les sociétés.

En France, le jeune homme, à l'âge de vingt ans, se trouve être un littérateur, un historien, un avocat, un médecin; il a une éducation libérale: *inde mali labes.* Il appert aux yeux de tous qu'une mauvaise direction donnée aux études est fatale à la société et au jeune homme dirigé de la sorte.

En France, le travailleur est trop chargé de travail, le travailleur est ignorant, le travailleur est souvent immoral. Aussi, voyez comme cette masse misérable, ignorante et mauvaise en soi, est apte à tout mauvais soulèvement politique! Voyez avec quelle facilité les folles idées d'égalité individuelle prennent chez ces classes la place des saines idées d'égalité légale. Là, évidemment, il y a mal, mal relatif plutôt qu'absolu, et, disons-le bien vite, mal guérissable.

Nous avons donc reconnu deux masses principalement mauvaises dans toute société: la classe *jeune* et la classe *pauvre.*

Les gouvernements anciens n'avaient pas de classe jeune. Ils la faisaient absorber par la puissance paternelle. En Amérique, il en est encore de même. La puissance paternelle des Etats-Unis est bien plus forte qu'en France.

Les gouvernements anciens absorbaient la classe pauvre en la faisant esclave. A Rome, la ville des grands exemples, les métiers étaient accomplis par les esclaves. La masse que nous nommons *peuple*, qui travaille outre-mesure, qui souffre outre-mesure, cette masse, à proprement parler, n'existait pas. L'esclavage l'avait placée en dehors du cercle social ; l'esclavage l'avait absorbée. Les Romains, dans leurs dissentiments politiques, n'avaient point à tenir compte du peuple. Nous autres, quand nous faisons des lois et quand nous créons des institutions, nous ne nous inquiétons guère de nos bêtes de somme, et nous avons raison. L'ouvrier, chez les Romains, n'était pas plus qu'un mulet. *O demens ita servus homo est...* (Juv. s. 6. v. 222.)

Cela posé, il est vrai de dire que Platon n'a créé qu'une aristocratie communiste ; l'esclavage lui a heureusement fourni ce dégagement qui manque aux niveleurs modernes. Quelque part, Platon a dit :

« La nature n'a fait ni *cordonniers*, ni *forgerons*; de » pareilles occupations dégradent les gens qui les exer- » cent ; vils mercenaires, misérables sans nom, qui, par » leur état lui-même, sont exclus des droits politiques. » Comme on l'a dit, Platon est un communiste complet et logique, mais il marche avec le formidable appui d'une servitude organisée.

Platon n'est pas le seul à croire à la dualité de l'espèce humaine. Avant lui, Homère ; avec lui, Aristote ; Aristote, qui n'était pas communiste, et qui a rudement réfuté certaines théories platoniciennes.

Quand on considère cette grande exception des civilisations antiques, l'érudition pose aux curieux les questions imminentes des guerres d'esclaves.

Que des philosophes orgueilleux, fils de patriciens, gentilshommes eux-mêmes, n'aient pas cru à l'égalité humaine : jusqu'à un certain point, cela se conçoit ; on connaît les entêtements des races. Mais ce qui devient bizarre et véritablement inexplicable, c'est que cette doctrine ait été partagée par les esclaves.

Aussi, quand les esclaves se révoltaient, ce n'était point au nom de l'égalité de la nature humaine; ce n'était point en celui de leur dignité outragée dans l'œuvre du créateur; jamais semblable idée n'a germé dans l'esprit des opprimés de l'antiquité. L'histoire nous a conservé le souvenir de plusieurs révoltes d'esclaves. On en compte jusqu'à dix. Parmi elles, il y en eut de sérieuses. La huitième de ces révoltes est celle de Spartacus : révolte célèbre et considérable.

On a remarqué que ces révoltes tenaient principalement à trois causes :

L'embauchage des conspirateurs qui, comme Catilina, cherchaient des moyens d'appui, des instruments de sédition, mais sans rien promettre à l'esclave;

L'inhumanité des maîtres, comme cela est arrivé dans nos colonies françaises;

Enfin, la violation des règlements du travail des esclaves.

Les auteurs grecs et romains ne laissent aucun doute à cet égard.

Du reste, le mépris romain pour les esclaves équivaut au mépris grec. Homère, Platon et Aristote n'ont, sous ce rapport, rien à envier aux philosophes et aux écrivains de Rome.

On cite Caton, l'Ancien, qui conseillait la vente des esclaves devenus vieux, pour être dispensé de les nourrir. Cela n'a rien qui nous étonne. Caton, l'Ancien, n'est point un philosophe; c'est un orgueilleux patricien de la vieille

Rome. De nos jours, Caton se trouverait dans les rangs des défenseurs du passé, de ces intrépides soldats qui luttent vainement, mais énergiquement contre l'avenir. Caton serait un réactionnaire endurci.

Mais Cicéron ! Cicéron, ce grand orateur, cet admirable philosophe ! Eh bien ! il subit, aussi lui, l'influence du préjugé; il pactise secrètement avec les doctrines des gentilshommes romains. Dans une de ses lettres à Atticus, il s'écrie :

« Je viens de perdre Sosisthée, qui me servait de lec-
» teur, et j'en suis plus affligé qu'on ne devrait, ce me
» semble, l'être de la mort d'un esclave. »

La même pensée, sous une autre forme, se retrouve dans une lettre à son frère Quintus : « Un esclave fidèle
» pourrait bien s'acquitter avec succès de certains emplois,
» que cependant il ne faut pas lui confier, pour éviter les
» discours et le blâme. »

Si, quittant le jurisconsulte, le prince des jurisconsultes, vous consultez la loi romaine, cette loi vous révélera bien d'autres duretés. La législation ne fait aucune distinction entre les esclaves et les bêtes. Une loi condamne à la même peine l'individu qui aura tué l'esclave ou la bête de somme d'autrui. (Gaii, III, § 210, dig. IX, tit. 2, lég. 2; — instit. IV, tit. 3.) On doit en payer le prix.

Les Romains ne méprisaient pas encore assez leurs esclaves pour n'en avoir pas peur. On sait que le peuple-roi sacrifiait à cette déesse. On contenait les esclaves par une cruauté profonde. L'histoire rapporte que Brutus affranchit, comme *sauveur* de la patrie, l'esclave qui vint lui dénoncer la conjuration de ses fils en faveur de Tarquin, et qu'il le fit après crucifier comme *délateur* de ses maîtres. Sylla renouvela cet exemple. Il avait promis la liberté aux esclaves des proscrits qui deviendraient les délateurs de leurs maîtres. Un esclave se présenta, indiquant la retraite du fugitif, et réclame le bénéfice de l'édit. Sylla affranchit le délateur, et fit précipiter le parricide du haut de la roche tarpéienne. Le peuple-roi était juste avant tout.

Un trait de mœurs peindra mieux encore cette terreur. On proposa au Sénat un habit particulier pour les esclaves, afin de les mieux distinguer des hommes libres. L'orgueil allait accepter, la peur refusa : *ils se compteraient,* dit un père conscrit, et la proposition fut rejetée.

Avec ce courant d'idées, il ne faut pas s'étonner du langage de Florus, quand il parle de la révolte de Spartacus. L'historien en est presque humilié ; il ne sait comment expliquer l'échec que des gladiateurs ont fait subir aux armes romaines. « Si la guerre sociale fut impie et sacri-
» lége, dit Florus, au moins on la faisait à des hommes
» libres. Mais quelle indignité de voir le peuple-roi com-
» battre des esclaves ! »

Et plus loin : « Peut-être encore supporterait-on la
» honte d'une guerre contre les esclaves exposés par leur
» condition à tous les outrages ; ils sont, du moins,
» comme une seconde espèce humaine, que nous pou-
» vons même associer aux avantages de notre liberté.
» Mais quel nom donner à la guerre de Spartacus, où
» l'on vit des esclaves combattre et des gladiateurs com-
» mander, les uns nés dans l'état le plus abject, les autres
» condamnés au pire de tous, à l'infamie qui aggrave l'in-
» fortune. »

Voici le portrait de Spartacus par Florus :

« *Nec abnuit ille, de stipendiario thrace miles, de milite desertor, inde latro, de inde gladiator.....* ».

Parlant du projet qu'avait eu Spartacus de marcher sur Rome et d'y renouveler les terreurs qu'y avait causées Annibal :

« *Quibus elatus victoriis, de invadendâ urbe Romana deliberavit, — Quod satis est turpitudini nostræ!* »

Quand il faut les appeler ennemis, *hostes*, Florus en rougit. *Pudet dicere!*

Faisant allusion à la mort de Spartacus, la vérité emporte l'historien ; il dit : *Quasi imperator occisus est.*

Racine est dans le vrai du préjugé noble de l'époque, quand il fait dire à Mithridate :

Ah ! s'ils ont pu choisir pour leur libérateur
Spartacus, un esclave, un vil gladiateur.....

Nous sommes donc amené à cette conclusion, c'est que, dans l'antiquité, l'idée communautaire n'a jamais reçu d'application. Les rêves de Platon sont restés des rêves. L'esclave lui-même, l'esclave révolté, n'abordait pas ces hauteurs philosophiques, lesquelles d'ailleurs n'avaient pas été faites pour lui. Platon, imbu du préjugé antique, travaillait pour une réunion d'aristocrates, de nobles, de patriciens ; il ne lui serait jamais venu dans l'esprit d'appeler les esclaves sous la bannière de l'égalité. L'esclavage n'entache pas seulement la pratique des vieilles civilisations grecque et romaine, il entache encore leur science et jusqu'à leurs doctrines philosophiques. C'est ce que nous venons de prouver par quelques citations que nous ne pouvons prolonger davantage, sous peine d'être entraîné bien loin du sujet de ces recherches.

Un dernier trait, une dernière preuve :

Lorsque Catilina voulut entourer sa personne et préparer ses complices, Caius-Sallustius-Crispus nous apprend, de sa plume énergique, comment il s'y prenait :

« Il fut très-facile à Catilina de se former une garde de » tous les débauchés et de tous les scélérats. En effet, » tout impudique, adultère, libertin, qui, par ses profu- » sions, sa gourmandise, ses passions brutales, avait dé- » voré son patrimoine ; celui qui s'était abîmé de dettes, » pour racheter sa honte ou ses forfaits ; tous les parricides, » tous les sacriléges, tout homme frappé par la loi ou » craignant de l'être (*Judicium timentes*) ; tous ceux qui » vivaient de parjures et d'assassinats ; ceux enfin que » poursuivaient l'infamie, la pauvreté, le remords, étaient » les familiers de Catilina. »

Le vieux Corneille a bien saisi, lui aussi, le caractère de ces conjurations : « Ce tas d'hommes perdus de dettes, de » débauches.... »

Catilina faisait appel à l'endetté, au pauvre : oui ; à l'esclave : non....

Il en est de même dans l'énergique discours que l'historien prête à Catilina, pas un mot pour les esclaves. Cette pensée ne pouvait lui venir.

Je ne parlerai point de la tentative de Tibérius Gracchus, ni de sa prétendue loi agraire. Tibérius ne voulait point le partage des biens, comme beaucoup ont prétendu. Tibérius voulait l'exécution de la loi Licinia, qui interdisait à tout citoyen d'avoir à loyer plus de cinq cents jugères de terre du domaine public. Le projet de Gracchus était prévoyant et juste, ce qu'il me serait facile de justifier, si cela pouvait entrer dans mon plan. Il allait même moins loin que la loi Licinia, puisqu'il proposait d'indemniser sur le Trésor public tous ceux qui seraient dépossédés ; et, au lieu de les réduire aux cinq cents jugères de Licinius, il les autorisait à en conserver deux cent cinquante en plus sous le nom de leurs fils. On voit bien qu'il n'y a guère de communisme dans tout cela.

III.

Le christianisme nous ouvre de nouvelles perspectives.

Le christianisme abolira l'esclavage ; mais, en revanche, il créera le paupérisme. Les hôpitaux n'existent pas dans l'antiquité ; chaque maître soignait l'esclave malade. L'esclave, devenu libre, et resté pauvre, a eu recours à la bienfaisance sociale.

Mais reprenons historiquement ces choses.

Par plus d'une raison, il convient de mettre de côté le Nouveau Testament. La critique et même le simple commentaire s'adaptent mal à ce livre sacré. Laissons-lui son texte, et laissons la foi pour l'éclairer. Il ne convient pas que la science touche aux mystères et aux symboles. C'est notre opinion d'historien, quand ce ne serait pas notre conviction de chrétien.

Plus de liberté, disons mieux, plus de sage indépendance nous est permise avec les pères de la primitive Église. Ce sont des commentateurs, qui, eux-mêmes, appellent des commentaires et des gloses.

La question a été rudement posée de nos jours. On s'est demandé si les premiers docteurs de l'Église naissante n'étaient pas des socialistes, des partisans de l'idée égalitaire. Le communisme persécuté en a appelé aux martyrs que faisait le paganisme. D'étranges comparaisons ont eu lieu ; mais, comme on dit, comparaison n'est pas raison ; similitude n'équivaut pas à certitude.

Ce serait un beau travail que d'analyser les doctrines des Pères de l'Église, ces héritiers d'une révélation, ces successeurs d'une philosophie. Il y avait, en eux, tout ensemble, et du christianisme et du platonicisme. Pourquoi le nier! les dogmes chrétiens gagnent-ils donc à être exclusifs?

Ce qui paraît certain, c'est que le système de la communauté, qui n'existe pas en germe dans l'Évangile, ne se trouve pas davantage dans les livres des Pères de la primitive Église.

Assurément, l'état social contemporain dut apparaître à ces philosophes chrétiens comme entaché de vices et de maux. De cette perception à une critique, il n'y a qu'un pas; de cette critique aux conseils d'une vie meilleure, d'une vie plus humaine, plus miséricordieuse, il n'y a encore qu'un pas. Ce double intervalle fut bientôt franchi. On vit les héritiers des apôtres prêcher le renoncement, la charité, l'aumône. Chaque défectuosité païenne appelait un conseil, un remède. Mais de ces prédicateurs aux utopies communautaires, il y a loin.

Du reste, il y a, dans le christianisme naissant, dans la religion catholique, en général, un fait supérieur. Ce fait est à l'explication évangélique ce que la servitude est au paganisme.

Le paganisme était tout matérialisme, il avait pour compagnon l'esclavage, c'est-à-dire, pour nous servir d'une expression moderne, la plus grande exploitation de l'homme par l'homme. C'était l'esclavage qui soutenait l'antique civilisation, et qui prêtait un appui trop commode aux rêveries platoniciennes.

Le christianisme outra le remède; c'est l'habitude des réactions. Le christianisme était la réaction du paganisme. La religion du Christ déclara n'être pas de ce monde. Elle annonça l'abdication du corps; elle maudit, elle damna les sens, qui sont nos intermédiaires avec le monde matériel. La conséquence fut directe. On songea au salut de l'âme, à la récompense d'outre-tombe, au jugement dernier. Ce furent là les préoccupations, les seules préoccupations de la société chrétienne qui naissait. Vous en devinez les résultats. On s'occupa peu de sa propriété, si ce n'est pour racheter par l'aumône les péchés de la matière. La famille devint l'asile de la prédication. La mère s'estimait heureuse, non pas du bonheur de ses filles, mais de leur croyance. Polyeucte s'écriait: *Je suis chrétien!* Pauline le suivait.... Quant à la souveraineté, l'empire était *si peu de ce monde*, qu'on devait *rendre à César ce qui appartenait à César:* théorie qui, plus tard et sous d'autres idées, devint la théorie du droit divin.

Ce caractère chrétien de la soumission aux pouvoirs constitués est frappant, dès les premiers actes de la nouvelle religion. Les apôtres blâment, comme étant de faux docteurs, ceux qui allaient méprisant les puissances, qui étaient audacieux et insolents, et qui ne craignaient pas de parler mal des dignités.

Ainsi, on le voit, les trois grandes questions, qu'agite l'idée communiste, recevaient ce que nous nommerons une solution divine, surnaturelle, extra-mondaine, indépendante des faits sociaux et des relations matérielles. C'était un dégagement général et continuel des liens de la boue et de la misère (Origène). La propriété devenait l'aumône ou plutôt son intarissable source. Il fallut plus tard le régime féodal pour arrêter l'élan. C'est ce que remarque très-bien M. Guizot, auquel les tendances communautaires de l'esprit monacal n'ont pas échappé. La famille devenait la sainte préparation au martyr, l'abri des vierges, le refuge des confesseurs, l'école pieuse et sainte des grands écrivains du christianisme. La soumission, comme sujet, restait un frein, une abnégation. Voyez la légion thébaine!

Ce caractère du christianisme a fui bien des penseurs, s'est dérobé à beaucoup de recherches. On n'a pas compris que le christianisme n'était qu'une religion, un lien de l'homme à Dieu; et que, par conséquent, il n'était, ne pouvait être, soit une législation, soit une économie politique. « Je suis d'en-haut, peut dire l'évangélique doctrine, je parle à des âmes, non à des corps. Que venez-vous donc me demander? de me mêler aux désordres d'ici-bas, aux luttes terrestres? Je ne suis pas une solution mondaine; d'autres diront l'égalité devant le monde; je me borne à proclamer l'égalité devant Dieu. »

Cette idée, elle est vraie; il y a mieux: elle est indispensable pour bien apprécier à leur juste valeur les citations que le communisme a puisées dans les ouvrages des Pères de l'Église. Ces Pères voulaient-ils créer un ordre social? Voulaient-ils procéder à une distribution, suivant un ordre donné, des richesses de ce bas monde? En un mot, comme nous le disons, voulaient-ils créer une science économique? Non...... Eh bien! sachons donc ramener à leur véritable signification les extraits dont on a voulu se faire des arguments. Tâchons de nous placer au véritable point de vue, pour ne pas fausser, par d'étranges analogies et de bizarres applications, les perspectives historiques.

Cette appréciation, nous la retrouvons fermement établie, d'une façon un peu outrée peut-être, à notre avis, dans un organe élevé du journalisme français : « Quant à » M. Pelletier, il a l'habitude de se faire écouter; c'est un » privilége qu'il doit à la violence de son langage et à la » crudité de ses théories socialistes. Le moyen qu'il avait » imaginé cette fois pour varier le thème de ses déclama- » tions obligées contre les riches et les propriétaires n'est » pas nouveau : l'orateur montagnard a voulu se poser » en docteur, et il s'est retranché derrière l'autorité des » Écritures, de la Bible, de l'Évangile et des Pères de » l'Église. Ce n'est pas nous qui prendrons au sérieux cette » érudition d'emprunt, cette science équivoque, où le » saint et le profane, le mysticisme et le matérialisme » font un si grossier et si révoltant amalgame. Nous fe- » rions de la controverse fort mal à propos, si nous cher- » chions à démontrer la profonde différence qui existe » entre des monuments, des doctrines que l'apôtre du » socialisme confond avec un sang-froid si risible entre » l'Ancien et le Nouveau Testament. A quoi bon examiner, » par exemple, si Esaü, vendant son droit d'aînesse pour » un plat de lentilles, est ou n'est pas la personnification » du prolétaire? A quoi bon répéter ce que nous avons » déjà dit en mainte occasion? Que le christianisme est

» l'antipode du communisme; que si les Pères de l'Église
» parlent des riches en termes sévères, ils n'en ont jamais
» parlé dans le même esprit que nos socialistes modernes;
» que si les Pères de l'Église prêchaient aux riches leurs
» devoirs envers les pauvres, les socialistes ne parlent
» jamais aux pauvres que de leurs prétendus droits con-
» tre les riches; que les uns ont prêché la charité, tandis
» que les autres font appel à la spoliation et au pillage;
» que la religion des uns, c'est la mortification des sens,
» le mépris des richesses, des plaisirs charnels et des
» jouissances terrestres; que la religion des autres, c'est
» la convoitise, la cupidité, la soif des jouissances maté-
» rielles et la satisfaction des appétits sensuels; que les
» uns ont placé le paradis dans un autre monde, et que
» la prétention des autres est de le réaliser sur la terre.
» A quoi bon insister sur ces lieux communs? ».

Que les premiers actes de la religion des douze pêcheurs montrant du doigt la croix et le ciel, aient été de conseiller ce renoncement chrétien, cette abnégation particulière, l'aumône enfin, la charité, l'amour du prochain : oh! cela n'est pas douteux. Qu'ils aient, ces proscrits des premiers temps de l'Église, célébré leur réunion, leurs prières en commun, leur vie en commun, leurs fraternelles agapes, ces repas où les cœurs s'unissaient dans la vue du prochain sacrifice : cela se conçoit!

Mais conclure de là à un système complet de communisme, ruinant la propriété, détruisant la famille, supprimant en quelque sorte l'individualité humaine, cette grande préoccupation du christianisme, c'est folie! M. Proudhon nomme les Pères de l'Église des socialistes!

C'est l'aberration du sophisme. Avec M. Proudhon on s'accoutume à ces excentricités-là.

Pour démontrer la vérité des appréciations qui précèdent, il suffira de jeter un rapide coup d'œil sur les textes dont on a voulu s'emparer pour écrire que le christianisme était le germe du communisme, le communisme en herbe, pour employer l'expression de Cabet.

M. Victor Meunier, partageant les pensées de M. Proudhon sur le socialisme des Pères de l'Église, a fait paraître un petit écrit intitulé : *Jésus-Christ devant les conseils de guerre.*

M. Victor Meunier a voulu suppléer à la qualité par la quantité. Il a accumulé les citations. La majeure partie n'est pas digne d'une réfutation sérieuse, on en peut juger par cet exemple. M. Victor Meunier veut démontrer que Jésus-Christ a entendu l'abolition de la propriété, et il donne à l'appui ce texte de Saint-Luc :

« Quiconque d'entre vous ne renonce pas à tout ce qu'il » a, ne peut être mon disciple, dit le maître. »

Il est puéril de vouloir conclure de ce texte au communisme du divin maître. Le fracas des citations de M. Victor Meunier s'amortit singulièrement, quand on le soumet à cette épreuve.

Et cette autre citation de Saint-Jean Chrysostome :

« Vous n'avez pas reçu votre bien pour le dévorer et le » prodiguer, mais pour en faire l'aumône. C'est le bien » commun des pauvres que Dieu vous a confié. Quoique » vous l'ayez acquis par de justes travaux, quoiqu'il vous » soit venu par la succession paternelle, si vous n'assistez » pas les indigents jusqu'à concurrence de votre bien, » vous n'accomplissez pas ce que vous devez. »

Est-ce que cette citation conclut même indirectement au système communautaire? Pas le moindrement. Elle conclut à l'aumône avec cette exagération qui distingue toujours les apôtres d'une nouvelle religion, et surtout l'éloquent orateur de l'Église grecque; mais elle ne conclut qu'à l'aumône. Il y a même cela de remarquable et de précieux dans la citation de Saint-Jean Chrysostome, c'est qu'elle indique le travail comme la source légitime de la propriété, et que, côte à côte, elle place au même rang l'hérédité, comme étant aussi un juste moyen d'acquérir. Le Code civil ne dit pas autre chose.

D'autres citations concluent à la vie conventuelle avec trop d'ardeur peut-être; est-ce que le couvent est le communisme? Puis, d'autres textes concluent à la vie cénobitique; est-ce encore du socialisme? M. Victor Meunier ne me paraît pas avoir compris l'esprit des premiers siècles de l'Église. Certainement, les Pères de cette époque étaient des réformateurs, mais des communistes aussi? Non... Telle est, du moins, notre opinion.

Il faut avouer, ce qui ne tire pas à conséquence, que, dans l'ardeur de la prédication et même de la polémique, quelques écrivains chrétiens ont aventuré certaines expressions qui prêtent le flanc aux interprétations douteuses.

Saint-Bazile, par exemple, s'adressant aux riches:
« Vous faites comme un homme qui, étant au théâtre et
» s'étant hâté de prendre les places dont les autres vou-
» draient s'emparer, les voudrait tous empêcher d'entrer,
» appliquant à son seul usage ce qui est pour l'usage de
» tous. »

L'apostrophe est vive; est-elle juste? On peut en douter sans encourir le reproche de non-orthodoxie. Puis, il faut remarquer que l'idée de Saint-Bazile se puise précisément dans une des raisons que donne Cicéron pour légitimer le droit de la propriété, le droit du premier occupant. Saint-Bazile a voulu combattre l'abus de la richesse, ses excès, ses oublis. Mais dire qu'il a posé l'abolition du domaine, du patrimoine, nous le répétons, c'est folie! Dire qu'il a créé le socialisme, c'est aberration!

Bref, l'étude de M. Victor Meunier n'est pas sérieuse. Elle manque de bonne foi, ou, à coup sûr, d'intelligence. Le jeune phalanstérien s'est trompé complétement sur les tendances chrétiennes. Ce n'est pas dans son opuscule qu'il faut étudier les Pères de l'Église.

Au surplus, pour couper court à ces prétendues racines et à ces prétendues traditions chrétiennes que revendique le communisme, il suffira de dire que l'infaillibilité n'est pas et n'a jamais été le privilége des écrits des Pères de l'Église. Assurément, ce sont d'imposantes autorités; mais on peut discuter leurs doctrines, surtout quand elles touchent à l'économie politique ou sociale. Non-seulement on le peut, mais on le doit, car bien des erreurs ont pu être relevées dans les ouvrages des Saints Pères. L'Église elle-même n'a attaché l'infaillibilité qu'aux décisions des conciles.

Ce n'est point trop ici le lieu de signaler les erreurs des philosophes chrétiens. De semblables détails conviendraient peu à la nature de cette étude; disons seulement que l'on trouve fréquemment, chez les princes de la primitive Église, d'évidentes exagérations sur la chasteté, sur les secondes noces, sur l'humilité chrétienne, sur les prêts à usure, sur les mortifications du corps. Origène se mutile, Saint-Jérôme conseille de se tuer plutôt que de céder aux sens. Saint-Bazile prêche la malpropreté. Lactance défend le commerce et la profession des armes. Saint-Augustin, emporté par son zèle, n'est pas loin de trouver bonnes et justes les persécutions contre les hérétiques. De là à l'inquisition, il n'y aura encore qu'un pas. On peut appeler l'évêque d'Hippone le Père de l'intolérance.

Des citations qui précèdent que conclure? Que les Pères de l'Église, qui ont commis des erreurs, même sur les questions de pure morale, en ont pu commettre de semblables sur différents points d'économie politique, si tant est qu'ils aient voulu traiter ces matières étrangères, on le sait, au royaume des cieux; ce qui nous semble évident, nous fondant sur ces paroles de l'Évangile: « Cherchez d'abord le royaume des cieux, et le surplus » vous sera donné par surcroît. »

Du reste, il est bon de clore cet aperçu sur le prétendu communisme des Pères de l'Église par cette remarque.

Si les novateurs communistes de cette époque ont tort d'aller chercher des appuis et comme des preuves dans les prédications évangéliques, de leur côté, les écrivains catholiques ont tort de croire que la religion du Christ contient la solution des difficultés sociales. C'est là une de leurs erreurs; car, il ne faut pas s'y tromper, eux aussi, quoi qu'ils en disent maintenant, ont été frappés des graves complications de la question industrielle; eux aussi, ils ont parlé d'organiser le travail (Voir Correspondant, t. 7, p. 679), ils ont parlé de régler la concurrence, d'assurer le sort des salariés, de faire cesser le duel du capital et du travail.... De plus, ces écrivains catholiques, posant ces modernes problêmes, ont dit : Qui les résoudra? Et ils ont répondu : Nous, nous seuls! Seuls, ont-ils ajouté, les économistes chrétiens peuvent tirer la science de l'impasse où elle est engagée. A l'œuvre donc, les temps sont venus!... Mais non ; ce n'est que de l'orgueil. Jésus-Christ ne leur dira pas comment on organise une société, car son royaume n'est pas d'ici-bas, et il suffit, pour s'en convaincre, de jeter les yeux sur l'Italie, sur l'Espagne, sur les républiques du Sud américain, sur l'établissement du Paraguay.... Laissons au christianisme l'empire des âmes, ne lui demandons pas le règlement des corps. La science politique du catholicisme est le *statu quo*, car c'est la résignation.

Ev. COLOMBEL.

Mai 1851.

Nantes, imprimerie de M.me veuve C. Mellinet. — 48,796.

21 [illegible]

www.ingramcontent.com/pod-product-compliance
Ingram Content Group UK Ltd.
Pitfield, Milton Keynes, MK11 3LW, UK
UKHW021023200726
13857UKWH00004B/1544